São Peregrino: santo dos doentes de câncer

Elam de Almeida Pimentel

São Peregrino: santo dos doentes de câncer

Novena e ladainha

EDITORA VOZES

Petrópolis

© 2008, Editora Vozes Ltda.
Rua Frei Luís, 100
25689-900 Petrópolis, RJ
www.vozes.com.br
Brasil

7ª edição, 2015.

4ª reimpressão, 2022.

Todos os direitos reservados. Nenhuma parte desta obra poderá ser reproduzida ou transmitida por qualquer forma e/ou quaisquer meios (eletrônico ou mecânico, incluindo fotocópia e gravação) ou arquivada em qualquer sistema ou banco de dados sem permissão escrita da editora.

CONSELHO EDITORIAL

Diretor
Gilberto Gonçalves Garcia

Editores
Aline dos Santos Carneiro
Edrian Josué Pasini
Marilac Loraine Oleniki
Welder Lancieri Marchini

Conselheiros
Francisco Morás
Ludovico Garmus
Teobaldo Heidemann
Volney J. Berkenbrock

Secretário executivo
Leonardo A.R.T. dos Santos

Editoração: Fernanda Rezende Machado
Diagramação e capa: AG.SR Desenv. Gráfico

ISBN 978-85-326-3594-5

Este livro foi composto e impresso pela Editora Vozes Ltda.

Sumário

1. Apresentação, 7
2. A vida de São Peregrino, 9
3. Novena de São Peregrino, 13
1º dia, 13
2º dia, 14
3º dia, 16
4º dia, 17
5º dia, 19
6º dia, 21
7º dia, 23
8º dia, 25
9º dia, 26
4. Oração a São Peregrino, 29
5. Ladainha de São Peregrino, 31

Apresentação

São Peregrino Laziosi é o santo protetor das pessoas com câncer. Embora o Calendário Romano coloque sua comemoração no dia 1º de maio, data de sua morte, a Ordem dos Servos de Maria, ou Servitas, o comemora no dia 4 de maio na importante basílica a ele dedicada em Forlì, Itália. Esse salutar costume se difundiu, e o mais comum é celebrá-lo no dia 4 de maio. Ele consagrou sua vida servindo a Deus após sua conversão ao cristianismo.

Este livrinho contém a vida de São Peregrino, sua novena, oração e ladainha. Durante os dias da novena os devotos refletirão sobre passagens bíblicas, seguidas de uma oração para o pedido da graça especial, acompanhada de um Pai-nosso, uma Ave-Maria e um Glória-ao-Pai.

A novena pode ser feita a sós, em família ou em comunidade.

A vida de São Peregrino

Peregrino Laziosi nasceu em Forli, na Itália, em 1265.

Era filho único, e seu pai era um homem muito culto, de família tradicional e ilustre.

Forli, na ocasião, era uma pequena cidade marcada pela rivalidade entre os partidários do papa, os guelfos, e os partidários do imperador, os gibelinos. Peregrino tornou-se um gibelino.

Em torno de 1282, uma grande parte da população se tornou gibelina, estando assim contra o poder papal.

Em 1283, o Papa Martinho IV enviou o prior geral da Ordem dos Servos de Maria, Felipe Benizi, para Forli com a missão de pregar a paz e a obediência à Sé Apostólica. Enquanto Felipe Benizi falava ao povo, Peregrino, com 18 anos de idade, liderando um grupo de pessoas, bateu nele e o expulsou da cidade. Mais tarde se arrependeu e procurou Felipe Benizi, humildemente, pedindo-lhe perdão. Tendo sido perdoado, mudou sua vida completamente, rezando e pedindo à Virgem Maria que lhe indicasse o caminho a seguir.

Um dia, rezando na Igreja de Santa Maria da Luz, ouviu a Virgem Maria lhe falar: "Tu te chamas Peregrino. E Peregrino serás de nome e de fato. É preciso que tu vás à cidade de Sena. Ali encontrarás os frades chamados Servos da Virgem Maria".

Seguiu Peregrino para Sena, tendo sido bem acolhido pelos frades, que o vestiram com hábito da Ordem dos Servos de Maria. Ele tinha 30 anos de idade, e pouco se sabe a respeito de vida religiosa.

Mais tarde, Frei Peregrino voltou para Forli e tornou-se conhecido por levar uma vida austera e penitente, e também pela prática da caridade. Fazia com frequência jejuns, penitência e sacrifícios, dormindo no chão, comendo em pé, passando grande parte da noite acordado, rezando e meditando.

Aos 60 anos de idade, ficou gravemente doente, com muitas varizes nas pernas, que provocaram uma ferida. Com o passar dos dias a ferida foi se transformando numa chaga maligna, que exalava mau cheiro, obrigando-o a viver isolado. O médico do convento diagnosticou que a chaga se propagaria até contaminar a perna toda e, por isso, sugeriu sua amputação.

Na véspera da cirurgia, Peregrino aproximou-se do local onde havia uma imagem do Cristo crucificado e rezou: "Ó redentor do gênero humano, quando estavas neste mundo, curaste muitas pessoas de toda sorte de doenças. Purificaste o leproso, devolveste a vista ao cego. Digna-te, pois, Senhor meu Deus, a livrar a minha perna deste mal incurável. Se não o fizeres, será preciso amputá-la".

Naquela noite, durante o sono, Peregrino viu Jesus descer da cruz e tocar-lhe a ferida. Pela manhã, o médico testemunhou que a ferida tinha desaparecido.

Peregrino morreu aos 80 anos de idade, seu túmulo começou a ser visitado por muitas pessoas e sua fama de santidade foi aumentando. Na igreja dos Servos de Maria, de Forli, existem registros de vários milagres do santo.

Em 1726, a Santa Sé reconheceu três milagres de São Peregrino: a cura de um menino paralítico, a cura de uma religiosa e a de um sacerdote; os dois últimos, vítimas de câncer. No mesmo ano ele foi canonizado pelo Papa Bento XIII e passou a ser conhecido como o padroeiro dos doentes de câncer.

3
Novena de São Peregrino

1º DIA

Iniciemos com fé este primeiro dia de nossa novena invocando a presença da Santíssima Trindade: em nome do Pai e do Filho e do Espírito Santo. Amém.

Leitura do Evangelho: Mt 4,23-24

Jesus percorria toda a Galileia, ensinando nas sinagogas, pregando o Evangelho do Reino e curando toda doença e enfermidade do povo. Sua fama chegou à Síria inteira. Traziam-lhe, por isso, todos os que sofriam de algum mal, os atacados de diversas doenças e sofrimentos: endemoninhados, epilépticos e paralíticos; e Ele os curava.

Reflexão

Hoje é o primeiro dia desta novena dedicada a São Peregrino, protetor das pessoas com câncer. Pensemos em Jesus, em sua infinita misericórdia, curando todas as espécies de doença, convidando-nos a não desanimar, principalmente quando estamos fracos e doentes. Assim como

São Peregrino, que passou uma noite em oração diante de Jesus crucificado pedindo a intercessão divina para a cura de sua doença maligna, vamos pedir humildemente o alívio da dor, a cura de que tanto necessitamos.

Oração

São Peregrino, não nos deixeis desanimar perante tal enfermidade (dizer o nome da doença). Intercedei por mim ou por (dizer o nome da pessoa doente) a Deus, todo-poderoso, pedindo que, se possível, me alivie desta enfermidade e me dê forças para aceitar, com resignação e paciência, o que estiver para acontecer. Ensinai-nos a pedir o melhor para nós e que, ao rezarmos esta novena, nosso coração se abra para fazermos a vossa vontade.

Pai-nosso.

Ave-Maria.

Glória-ao-Pai.

São Peregrino, intercedei por nós.

2º DIA

Iniciemos com fé este segundo dia de nossa novena invocando a presença da Santíssima Trindade: em nome do Pai e do Filho e do Espírito Santo.

Leitura do Evangelho: Mt 8,1-3

Quando Jesus desceu do monte, seguiram com Ele multidões. De repente, aproximou-se um leproso, prostrou-se diante dele e disse: "Senhor, se quiseres, podes limpar-me". Jesus, estendendo a mão, tocou-o e disse: "Eu quero, fica limpo". No mesmo instante ficou limpo da lepra.

Reflexão

Acreditamos que nada é impossível para Deus. Assim como o leproso que confiou em Jesus, vamos entregar inteiramente nossa vida ao Pai, todo-poderoso, pedindo que São Peregrino interceda por nós, aumentando cada vez mais nossa fé em Deus.

Oração

São Peregrino, cheios de confiança, vos pedimos: ajudai-nos a servir e a crescer na fé. Coloco em vossas mãos a minha doença (mencionar a doença) ou a doença de (citar o nome da pessoa doente), acreditando na vossa intercessão.

Pai-nosso.

Ave-Maria.

Glória-ao-Pai.

São Peregrino, intercedei por nós.

3º DIA

Iniciemos com fé este terceiro dia de nossa novena invocando a presença da Santíssima Trindade: em nome do Pai e do Filho e do Espírito Santo.

Leitura do Evangelho: Jo 4,46-53

[...] Jesus voltava assim a Caná da Galileia, onde havia transformado água em vinho. Havia ali um funcionário do rei, que tinha um filho doente em Cafarnaum. Ouvindo dizer que Jesus viera da Judeia para a Galileia, foi procurá-lo e pediu-lhe que descesse e curasse o filho que estava para morrer. Jesus lhe disse: "Se não virdes sinais e prodígios, não acreditareis". O funcionário do rei pediu-lhe: "Senhor, desce antes que meu filho morra". Jesus respondeu-lhe: "Vai, teu filho está passando bem". O homem acreditou na palavra de Jesus e partiu.

Enquanto descia, vieram ao seu encontro os servos, dizendo: "Teu filho está passando bem". Perguntou-lhes então a hora em que se sentira melhor. Responderam-lhe: "Ontem, à uma da tarde, a febre o deixou". O pai reconheceu ter sido esta a hora em que Jesus lhe dissera: "Teu filho está passando bem". E ele creu com toda sua família".

Reflexão

Não devemos desanimar diante da doença ou de algum problema. Dependemos de Deus, e só podemos estar bem, felizes, acreditando nele. Nos momentos difíceis de nossas vidas, Deus revela sua força e seu amor. Vamos pedir a São Peregrino que ilumine nossas vidas, seguindo seu exemplo de fé diante de doença.

Oração

São Peregrino, humildemente pedimos vossa intercessão para iluminar os médicos, os pesquisadores, para que descubram meios para curar o câncer. Também pedimos vossa intercessão na cura de (fala-se o nome da pessoa doente).

Pai-nosso.

Ave-Maria.

Glória-ao-Pai.

São Peregrino, intercedei por nós.

4º DIA

Iniciemos com fé este quarto dia de nossa novena invocando a presença da Santíssima Trindade: em nome do Pai e do Filho e do Espírito Santo.

Leitura do Evangelho: Lc 17,12-19

Quando ia entrar num povoado, vieram-lhe ao encontro dez leprosos. Pararam ao longe e gritaram: "Jesus, Mestre, tem piedade de nós". Ao vê-los, Jesus lhes disse: "Ide apresentar-vos aos sacerdotes". E aconteceu que, no caminho, ficaram limpos. Um deles, vendo-se curado, voltou glorificando a Deus em voz alta. Caiu aos pés de Jesus e, com o rosto em terra, agradeceu-lhe. E este era um samaritano. Tomando a palavra, Jesus disse: "Não eram dez os que ficaram limpos? Onde estão os outros nove? Não houve quem voltasse para dar glória a Deus senão este estrangeiro? E disse-lhe: "Levanta-te e vai! Tua fé te salvou".

Reflexão

Não se deve esquecer de agradecer a Deus pelas graças alcançadas, pela vida, pela saúde. Agradeçamos a Deus pelas pessoas com quem convivemos, pelas pessoas que estão nos ajudando a enfrentar a fase difícil que estamos passando. Agradeçamos a Deus por sabermos reconhecer o poder da oração diante do sofrimento.

Oração

Bendito sejais, Deus, por nossa existência. Olhai por nós, Senhor, e vede nosso sofrimento. Bendito sejais, Senhor, pela conversão de São Peregrino que, antes de converter-se para vós, era violento. Ajudai-nos a seguir o exemplo de São Peregrino, a sermos humildes e confiantes em vós. Dai-nos força para encontrar alegria de viver, mesmo nesta fase de doença.

Atendei, Senhor, o pedido especial que fazemos nesta novena (fazer o pedido), mas que, antes de tudo, se faça a vossa vontade. Pela intercessão de São Peregrino, ouvi-nos, Senhor.

Pai-nosso.

Ave-Maria.

Glória-ao-Pai.

São Peregrino, intercedei por nós.

5º DIA

Iniciemos com fé este quinto dia de nossa novena invocando a presença da Santíssima Trindade: em nome do Pai e do Filho e do Espírito Santo.

Leitura bíblica: Jó 2,7-10

Saindo então satanás da presença do Senhor, feriu Jó com uma úlcera maligna, desde a planta dos pés até o alto da cabeça. E Jó pegou um caco para raspar-se, enquanto se sentava sobre um monte de cinzas. Sua mulher lhe dizia: "Ainda perseveras na tua integridade? Amaldiçoa a Deus e morre!" Ele disse: "Falas como falaria uma tola. Se aceitamos de Deus os bens, não deveríamos aceitar também os males?"

Reflexão

A vida é cheia de desafios que devemos enfrentar, e isso vai depender da força de nossa fé, de não perdermos a esperança e a confiança em Deus. Jó aceitou o sofrimento imposto pela doença, com serenidade e confiança em Deus. Assim também São Peregrino orou com fé pedindo sua cura. Seguindo o exemplo dele, vamos rezar com fé e esperança, pedindo a cura de que tanto necessitamos.

Oração

Senhor, nós vos pedimos que, pela intercessão de São Peregrino, sempre nos ajudeis a ter fé, esperança, resignação e coragem perante tal enfermidade. Concedei-nos a graça de que necessitamos e a vós suplicamos (pede-se a graça a ser alcançada).

Pai-nosso.

Ave-Maria.

Glória-ao-Pai.

São Peregrino, intercedei por nós.

6º DIA

Iniciemos com fé este sexto dia de nossa novena invocando a presença da Santíssima Trindade: em nome do Pai e do Filho e do Espírito Santo.

Leitura do Evangelho: Jo 11,32-44

Assim que Maria chegou onde Jesus estava, lançou-se aos pés dele e disse: "Senhor, se tivesses estado aqui, o meu irmão não teria morrido". Quando viu que Maria e todos os judeus que vinham com ela estavam chorando, Jesus se comoveu profundamente. E, emocionado, perguntou: "Onde o pusestes?" "Senhor, vem ver" – disseram-lhe. Jesus começou a chorar. Os judeus comentavam: "Vede como ele o amava". Alguns, porém, disseram: "Ele, que abriu os olhos do cego de nascença, não podia fazer com que Lázaro não morresse?" Tomado novamente de profunda emoção, Jesus se dirigiu ao sepulcro. Era uma gruta com uma pedra colocada na entrada. Jesus ordenou: "Tirai a pedra". Marta, irmã do morto, disse: "Senhor, já está cheirando mal, pois já são quatro dias que está aí". Jesus respondeu: "Eu não te disse que, se acreditasses, verias a glória de Deus?" Tiraram então a pedra. Jesus levantou os olhos para o alto e disse: "Pai, eu te dou graças porque me atendeste. Eu sei que sempre me atendes, mas digo isto por causa da multidão que me rodeia, para que creiam que tu me enviaste". Depois dessas palavras, gritou bem forte: "Lázaro, vem para fora!" O morto saiu com os pés e as mãos atados com faixas e o rosto envolto num sudário. Jesus ordenou: "Desatai-o e deixai-o andar."

Reflexão

Como é grande o amor de Jesus por nós. Ele se comoveu e chorou por Lázaro. Ele suportou dores, sofrimentos, morrendo na cruz por nós. Ele orou a Deus: "Pai, se for possível, afasta de mim este cálice. Contudo não se faça como eu quero, mas como tu queres" (Mt 26,39). Vamos seguir o exemplo de Jesus e de São Peregrino, que também confiou no poder da oração, e pedir a graça de que tanto necessitamos.

Oração

Senhor Jesus Cristo, eu vos peço por todos aqueles que estão doentes. Dai-lhes a esperança da salvação, confortando-lhes o corpo e o espírito. Por intercessão de São Peregrino, vos pedimos por (fala-se o nome da pessoa doente).

Pai-nosso.

Ave-Maria.

Glória-ao-Pai.

São Peregrino, intercedei por nós.

7º DIA

Iniciemos com fé este sétimo dia de nossa novena invocando a presença da Santíssima Trindade: em nome do Pai e do Filho e do Espírito Santo.

Leitura do Evangelho: Lc 7,2-10

Havia ali um oficial romano, que tinha um escravo muito estimado; o escravo estava muito mal, à beira da morte. Tendo ouvido falar de Jesus, enviou alguns chefes dos judeus para pedir-lhe que viesse salvar da morte seu escravo. Aproximando-se de Jesus, pediram-lhe com insistência, dizendo: "Ele merece que lhe faças o favor, pois ama nossa gente; ele mesmo foi quem construiu para nós a sinagoga". Jesus se pôs a caminho com eles. Já estava perto da casa quando o oficial enviou alguns amigos para lhe dizerem: "Senhor, não te incomodes, pois eu não sou digno de que entres em minha casa. Nem me julguei digno de ir a ti. Mas dize só uma palavra e meu escravo ficará curado. Pois eu também estou submisso à autoridade e tenho soldados a meu comando, e digo a um: Vai, e ele vai; a outro: Vem, e ele vem; a meu escravo: Faze isto, e ele o faz". Ouvindo estas palavras, Jesus ficou admirado com ele; voltou-se para a multidão que o seguia e disse: "Eu vos digo que nem em Israel encontrei tamanha fé". Ao voltar para casa, os enviados encontraram o escravo em perfeita saúde".

Reflexão

Que exemplo de fé e amor encontramos nesta passagem do Evangelho de Lucas! "[...] Mas dize só uma palavra e meu escravo ficará curado". Esta passagem nos leva a refletir sobre a fé, mas também nos ensina a cuidar dos que necessitam de nós, a ajudar as pessoas que estão sob tratamento médico. Quando amamos nossos semelhantes manifesta-se o amor de Deus. Vamos pensar em São Peregrino, que sofreu por muitos anos com uma "úlcera maligna", permaneceu com Deus e acreditou no amor que Ele tem por nós, tendo sido sensível ao sofrimento dos mais humildes, dos doentes e levando a Palavra de Deus a todos os que sofriam.

Oração

São Peregrino, venero vossa vida de santidade, de união com Deus e de amor ao próximo. Neste momento difícil de minha vida, peço vossa intercessão para me fortalecer cada vez mais no reconhecimento de que Deus está comigo, de que não estou sozinho nesta fase difícil da doença. São Peregrino, ajudai-me a lutar contra (fala-se o nome da doença), alcançando-me a cura de que tanto necessito.

Pai-nosso.

Ave-Maria.

Glória-ao-Pai.

São Peregrino, intercedei por nós.

8º DIA

Iniciemos com fé este oitavo dia de nossa novena invocando a presença da Santíssima Trindade: em nome do Pai e do Filho e do Espírito Santo.

Leitura do Evangelho: Mt 28,18-20

Então Jesus se aproximou e lhes disse: "Toda autoridade me foi dada no céu e na terra. Ide, pois, fazei discípulos meus todos os povos, batizando-os em nome do Pai e do Filho e do Espírito Santo, ensinando-os a observar tudo quanto vos mandei. Eis que estou convosco, todos os dias, até o fim do mundo".

Reflexão

"Eis que estou convosco, todos os dias, até o fim do mundo". Jesus está conosco sempre, na alegria e na tristeza.

Vamos procurar a presença dele nos momentos de tristeza, seja no bom atendimento médico, na presença dos enfermeiros, nas pessoas que nos visitam durante a enfermidade. Nos momentos de tristeza, busquemos a alegria.

Oração

Ó glorioso São Peregrino, ajudai-me a encontrar "alegria" para continuar vivendo e lutando contra esta doença. Intercedei por mim, alcançando-me a graça de que tanto necessito (pede-se a graça), e também por todas as pessoas que estão sob tratamento médico.

Pai-nosso.

Ave-Maria.

Glória-ao-Pai.

São Peregrino, intercedei por nós.

9º DIA

Iniciemos com fé este último dia de nossa novena invocando a presença da Santíssima Trindade: em nome do Pai e do Filho e do Espírito Santo.

Leitura do Evangelho: Lc 17,5-6

Os apóstolos disseram ao Senhor: "Aumenta-nos a fé". E o Senhor respondeu: "Se tivésseis uma fé do tamanho de um grão de mostarda, diríeis a esta amoreira: 'Arranca-te daqui e planta-te no mar', e ela vos obedeceria."

Reflexão

Vemos nesta passagem do Evangelho a força da fé. Ela é que ilumina e impulsiona a nossa vida. Nas horas difíceis a fé deve estar sempre presente. Neste último dia da novena vamos refletir sobre nossa vida como uma estrada na qual às vezes é difícil caminhar, onde às vezes achamos que estamos sozinhos. Mas lembremos de São Peregrino que teve uma fé inabalável. Assim como ele, vamos sentir a presença de Deus, acreditando que o Altíssimo nos dará forças para superar as adversidades da vida, que as pessoas que se aproximam de nós durante nossa enfermidade são enviadas por Deus, e que, com a solidariedade prestada por essas pessoas, poderemos superar mais facilmente os momentos difíceis provocados pela doença. Não nos esqueçamos de rezar, pois através da oração estamos em comunhão com Deus. Lembremo-nos de São Peregrino que, na véspera do dia marcado para a amputação da perna, após muita oração e meditação, entregou sua vida nas mãos de Jesus, rezando: "Ó redentor do gênero humano, quando estavas neste mundo, curaste muitas pessoas de toda sorte de doenças. Purificaste o leproso, devolveste a vista ao cego. Digna-te, pois, Senhor meu Deus, a livrar a minha perna desse mal incurável. Se não o fizeres, será preciso amputá-la".

Oração

São Peregrino, vos pedimos com muita fé a cura de (fala-se o nome da doença e o nome da pessoa doente). Acreditando em vós, vos pedimos força para vivenciar esta fase difícil de sua vida.

Pai-nosso.

Ave-Maria.

Glória-ao-Pai.

São Peregrino, intercedei por nós.

4
Oração a São Peregrino

Vós que fostes um exemplo de paciência, suportando com coragem os sofrimentos de vossa enfermidade, humildemente vos pedimos que intercedais junto a Deus todo-poderoso, solicitando que conceda aos que sofrem de câncer o alívio de suas dores e, se possível, a cura.

São Peregrino, socorrei (fala-se o nome da pessoa doente), que está muito doente, dando-lhe alívio e, se possível, a cura. Rogai por ele(a) a Deus pedindo resignação em seu coração. Por Cristo Nosso Senhor. Amém.

5
Ladainha de São Peregrino

Senhor, tende piedade de nós.
Jesus Cristo, tende piedade de nós.
Senhor, tende piedade de nós.

Jesus Cristo, ouvi-nos.
Jesus Cristo, atendei-nos.

Pai celeste, que sois Deus, tende piedade de nós.
Deus Filho, redentor do mundo, tende piedade de nós.
Deus Espírito Santo, tende piedade de nós.
Santíssima Trindade, que sois um só Deus, tende piedade de nós.

Santa Maria, Rainha dos Mártires, rogai por nós.
São Peregrino, que se converteu ao cristianismo, rogai por nós.
São Peregrino, que cresceu no seu amor por Jesus, rogai por nós.
São Peregrino, discípulo de Jesus, rogai por nós.

São Peregrino, humilde de coração, rogai por nós.

São Peregrino, que lutou pelo bem até o final da vida, rogai por nós.

São Peregrino, que viveu de penitência, arrependido de seus pecados, rogai por nós.

São Peregrino, que fez votos de pobreza, rogai por nós.

São Peregrino, consolo de aflitos, rogai por nós.

São Peregrino, protetor contra o câncer, rogai por nós.

São Peregrino, esperança dos doentes, rogai por nós.

São Peregrino, exemplo de confiança em Jesus, rogai por nós.

São Peregrino, amigo dos devotos, rogai por nós.

São Peregrino, saúde dos enfermos, rogai por nós.

São Peregrino, invocado nas doenças difíceis, rogai por nós.

São Peregrino, consolador dos aflitos, rogai por nós.

São Peregrino, conforto dos doentes, rogai por nós.

São Peregrino, pecador arrependido, rogai por nós.

São Peregrino, que soube pedir perdão a quem ofendeu, rogai por nós.

São Peregrino, que arrependeu-se de seus pecados e buscou na penitência o caminho da conversão, rogai por nós.

São Peregrino, confiança dos doentes, rogai por nós.